Découvrez l'histoire par les archives de presse

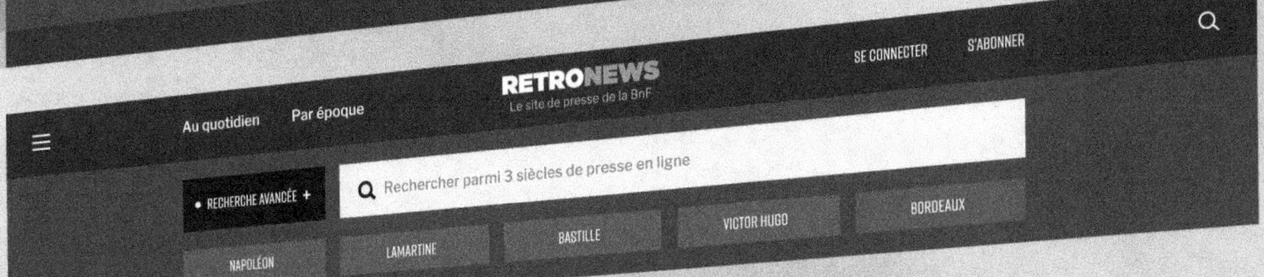

RETRONEWS

Le site de presse de la BnF

www.retronews.fr

Surréalisme

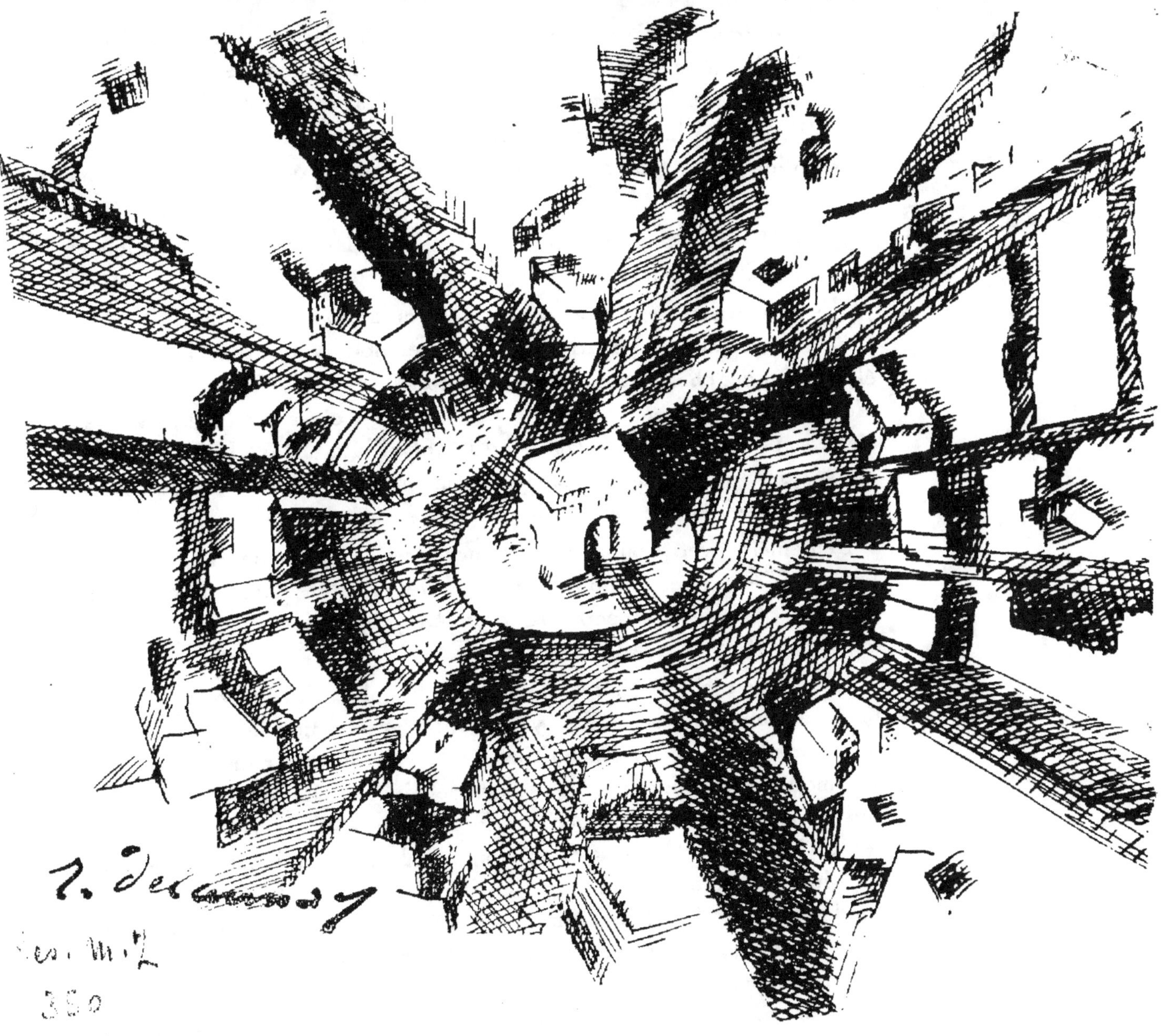

OCTOBRE 1924

1

Directeur : Ivan Goll.

Collaborateurs : Guillaume Apollinaire, Marcel Arland, P. Albert-Birot, René Crevel, Joseph Delteil, Robert Delaunay, Paul Dermée, Jean Painlevé, Pierre Reverdy.

manifeste du surréalisme

La réalité est la base de tout grand art. Sans elle pas de vie, pas de substance. La réalité, c'est le sol sous nos pieds et le ciel sur notre tête.

Tout ce que l'artiste crée a son point de départ dans la nature. Les cubistes, à leurs débuts, s'en rendirent bien compte : aussi humbles que les plus purs primitifs, ils s'abaissèrent profondément jusqu'à l'objet le plus simple, le plus dénué de valeur, et allèrent jusqu'à coller sur le tableau un morceau de papier peint, dans toute sa réalité.

Cette transposition de la réalité dans un plan supérieur (artistique) constitue le Surréalisme.

Le surréalisme est une conception qu'anima Guillaume Apollinaire. En examinant son œuvre poétique, nous y trouvons les mêmes éléments que chez les premiers cubistes : les mots de la vie quotidienne ont pour lui « une magie étrange », et c'est avec eux, avec la matière première du langage, qu'il travaillait. Max Jacob raconte qu'un jour, Apollinaire nota simplement des phrases et des mots entendus dans la rue, et en fit un poème.

Seulement avec ce matériel élémentaire, il forma des images poétiques. L'image est aujourd'hui le critère de la bonne poésie. La rapidité d'association entre la première impression et la dernière expression fait la qualité de l'image.

Le premier poète au monde constata : « Le ciel est bleu ». Plus tard, un autre trouva : « Tes yeux sont bleus comme le ciel ». Longtemps après, on se hasarda à dire : « Tu as du ciel dans les yeux ». Un moderne s'écriera : « Tes yeux de ciel ! ». Les plus belles images sont celles qui rapprochent des éléments de la réalité éloignés les uns des autres le plus directement et le plus rapidement possible.

Ainsi, l'image est devenue l'attribut le plus apprécié de la poésie moderne. Jusqu'au début du XXᵉ siècle, c'était l'*oreille* qui décidait de la qualité d'une poésie : rythme, sonorité, cadence, allitération, rime : tout pour l'oreille. Depuis une vingtaine d'années, l'*œil* prend sa revanche. C'est le siècle du film. Nous communiquons davantage par des signes visuels. Et c'est la rapidité qui fait aujourd'hui la qualité.

L'art est une émanation de la vie et de l'organisme de l'homme. Le surréalisme, expression de notre époque, tient compte des symptômes qui la caractérisent : il est direct, intensif, et il repousse les arts qui s'appuient sur des notions abstraites et de seconde main : logique, esthétique, effets de grammaire, jeux de mots.

Le surréalisme ne se contente pas d'être le moyen d'expression d'un groupe ou d'un pays : il sera international, il absorbera tous les ismes qui partagent l'Europe, et recueillera les éléments vitaux de chacun.

Le surréalisme est un vaste mouvement de l'époque. Il signifie la santé, et repoussera aisément les tendances de décomposition et de morbidité qui surgissent partout où quelque chose se construit.

L'art de divertissement, l'art des ballets et du music-hall, l'art curieux, l'art pittoresque, l'art à base d'exotisme et d'érotisme, l'art étrange, l'art inquiet, l'art égoïste, l'art frivole et décadent auront bientôt cessé d'amuser une génération qui, après la guerre, avait besoin d'oublier.

Et cette contrefaçon du surréalisme, que quelques ex-dadas ont inventée pour continuer à épater les bourgeois, sera vite mise hors de la circulation :

Ils affirment la « toute-puissance du rêve » et font de Freud une muse nouvelle. Que le docteur Freud se serve du rêve pour guérir des troubles trop terrestres, fort bien ! Mais de là à faire de sa doctrine une application dans le monde poétique, n'est-ce pas confondre art et psychiâtrie ?

Leur « mécanisme psychique basé sur le rêve et le jeu désintéressé de la pensée » ne sera jamais assez puissant pour ruiner notre organisme physique qui nous enseigne que la réalité a toujours raison, que la vie est plus vraie que la pensée.

Notre surréalisme retrouve la nature, l'émotion première de l'homme, et va, avec un matériel artistique complètement neuf, vers une construction, vers une volonté.

exemple de surréalisme :

le cinéma

Le film transcrit des événements qui se passent matériellement dans la réalité et les élève à un état plus direct, plus intense, plus absolu : surréaliste.

Le cinéaste n'est qu'un chef d'orchestre. Il ne doit rien inventer, ne pas chercher des formes nouvelles (toutes les formes existent depuis toujours), il perd son temps en construisant des villes en carton et de fausses machines de décor. Il perd son temps, et il triche. (Lorsque L'Herbier commande des décors avec des machines d'imagination, qui ne marchent pas ; lorsque L'Herbier croit moderniser le film en y introduisant les dernières recherches de l'art appliqué, son œuvre devient elle-même de l'art appliqué).

Le cinéaste ne crée qu'en coordonnant : il n'est qu'un intermédiaire entre la nature et l'appareil. Tout le reste (scénario, décors, acteurs) ne compte pas. Le film est l'art le plus réaliste qui soit, l'art pur. Le film d'imagination est impur. Le « Docteur Caligari » est impur, parce qu'il introduit des éléments falsifiés dans un monde où tout n'est pas également falsifié. Les hommes y restent trop naturels dans le paysage de carton.

Malgré tout ce qu'on a pu dire du film français, il est sur le bon chemin, et il pourrait être supérieur aux films allemand et américain. Le film a fait fausse route, jusqu'à présent, parce qu'on l'a assimilé au théâtre. Erreur profonde : il est l'ennemi du théâtre, il est frère de la peinture. Il travaille, et surtout travaillera à l'avenir, avec la lumière, comme elle. Or, la peinture est un art exact, un art surréaliste, partant de la réalité absolue. La nature est sa base et sa raison d'être. La peinture est un métier, qui transpose des éléments donnés dans une sphère supérieure, en leur donnant une forme et un ordre.

Le film aussi ne doit être qu'un métier. Le film travaille avec une matière première : les choses réelles. L'objectif n'enregistre que les choses réelles. Le cinéaste, l'artiste, transpose ces éléments naturels par le seul moyen de l'appareil : selon qu'il le règle, il obtiendra des effets optiques, par l'intermédiaire desquels uniquement il peut agir sur les spectateurs. Le ralenti, l'accéléré, le flou : voici des méthodes de travail à joindre à ses outils. L'imagination, la pensée, la spéculation philosophique et morale, l'esthétique sont des poisons. Seule compte la création par l'image, avec la volonté constructive la plus lucide.

Il est réservé au génie français de réaliser un jour l'art surréaliste du film : car il a toujours été le génie réaliste, objectif et conscient. Quelques mètres de certains films nous le font prévoir, d'ailleurs. La « Roue » de Gance, lorsqu'elle tourne, roule, vibre, lorsqu'elle vit devant nos yeux toute une existence dramatique, pleine de violences, de silences et de rapidités : ce drame dû uniquement à la façon dont a été tourné l'appareil, sans la moindre retouche humaine dans le jeu de l' « objet », de la nature : voici du pur surréalisme. Ou encore le moment de la chute du héros : unique seconde où tous les faits d'une vie humaine se résument. Peut-on imaginer angoisse plus poignante ? Eh bien, cet effet n'est dû qu'à un découpage. L'auteur a collé à la file quelques mètres des scènes les plus différentes et les plus réalistes du film.

Ici le film français, ce que je nomme surréaliste en lui, a l'avantage sur les formules américaine et allemande. Ce dernier truque la vie ; il falsifie la nature ; il y colle des décors faux et cherche à inspirer l'angoisse et l'émotion par de grandes barbes méphistophéliques et par des personnages qui imitent la trance, la folie et le rêve. C'est de l'art faux. Il ne se base pas sur la réalité, mais sur l'imagination : il est, par rapport au film d'esprit français, ce que Hoffmann est à Flaubert.

Quant au film américain, il ressemble fort au lièvre de la fable qui fit un pari avec la tortue pour savoir lequel des deux arriverait premier à l'autre bout du champ. Le film américain met en mouvement des trucs inimaginables, il lui faut les chevaux les plus rapides, des sauts de trente mètres de hauteur ; Douglas enjambe en riant des tours de cathédrales et Lui se promène philosophiquement le long des façades des gratte-ciel. Que de frais, que de risques pour émouvoir un public mou ! Mais le Français (la tortue) gagnera par la force de son esprit, sans se déplacer d'un pouce. Dans la fable, la tortue installe paisiblement sa sœur au but, et c'est celle-ci qui accueillera victorieusement, et de bonne humeur, le lièvre essoufflé. Dans le film, le Français émeut son public en restant dans son studio et en faisant le découpage mentionné ci-dessus.

L'avenir est au surréalisme.

mon bouquet au surréalisme

Vous avez certainement quelque chose à dire sur le surréalisme, faites-moi l'article pour ce soir, je viendrai le chercher cet après-midi à 5 heures. C'est Ivan Goll qui me parle ainsi.

Ai-je quelque chose à dire sur le surréalisme ? Quant au mot, sans doute, puisque nous l'avons, Apollinaire et moi, choisi et fixé ensemble. C'était au printemps 1917, nous rédigions le programme des Mamelles et sous le titre nous avions d'abord écrit « drame » et ensuite je lui ait dit : ne pourrions-nous pas ajouter quelque chose à ce mot, le qualifier, et il me dit en effet mettons surnaturaliste et aussitôt je me suis élevé contre surnaturaliste qui ne convenait point au moins pour trois raisons et naturellement avant même que j'eusse fini l'exposé de la première Apollinaire était de mon avis et me disait : « Alors mettons surréaliste ». C'était trouvé.

Quant à la chose je n'aime guère en parler, je trouve plus de joie à faire qu'à dire. Pourtant il sera bientôt 5 heures, je me lance dans les considérations générales.

Si faire œuvre de poète est DIRE quelque chose artistement, il y a dans l'histoire littéraire du monde une foule de poètes.

Si faire œuvre de poète est sous l'émotion de ce que l'on a à DIRE en inventer l'expression, il en existe bien peu dans l'histoire littéraire du monde et un seul en France jusqu'à la fin du XIXe siècle : Villon.

Si faire œuvre de poète est non plus DIRE quelque chose, mais faire un poème, il n'en existe pas avant la fin du XIXe siècle : Mallarmé, Rimbaud, Laforgue, Apollinaire. C'est le temps où commence le surréalisme, c'est-à-dire en réalité la poésie, tout ce qui est antérieur n'étant que devoirs prosodiques.

Pour mettre de l'ordre, voici ce que je dirai : Victor Hugo et Baudelaire = fin de la période scolaire. Mallarmé, Rimbaud, Laforgue, Apollinaire = période de transition qui contient des éléments de décadence d'une fin et les éléments de vie d'un commencement.

De cette transition partent deux courants : l'un puissant, qui coule largement, notre surréalisme, fait de tous les éléments de vie ; l'autre — les autres — un petit bras puant qui a fort heureusement bien de la peine à se tracer un lit et qui est fait des éléments de décadence. Et je vous dis qu'il y a par là des relents de pourriture, enterrons la charogne.

Et voici mon bouquet au surréalisme.

Pierre ALBERT-BIROT.

surréalisme couleur du temps

(Pneumatique)

L'artiste et le poète se sont toujours efforcés de créer une réalité plus pure et plus intense que la réalité quotidienne.

Mais certaine utilité sociale entrava longtemps la liberté du créateur.

De ci de là, au cours des siècles d'art et de littérature, maints traits de surréalisme peuvent être relevés.

Mais c'est lorsque la photographie et le journalisme furent les vrais serviteurs des peuples que le surréalisme put s'exprimer librement.

Le mot, créé par Apollinaire, nous l'avons voulu maintenir et le maintiendrons inlassablement, comme le meilleur, pour désigner le style de notre époque.

Le surréalisme est un style d'époque, qui comptera avec toutes ses nuances et ses facettes, comme la Renaissance et le Romantisme.

Le surréalisme triomphera dans tous les arts de notre époque, ou alors notre époque ne sera qu'un désert d'hommes et d'œuvres.

Et le mouvement surréaliste emportera comme un fœtus (je dis bien fœtus) le petit homme qui voudrait le capter pour lui faire tourner son moulin à sornettes.

Surréalisme couleur du temps !

Paul DERMÉE.

---

une lettre de Guillaume Apollinaire

(L'*Esprit Nouveau*, qui prépare un numéro très important consacré à la mémoire d'Apollinaire, nous communique cette lettre adressée à notre ami Dermée. Elle confirme pleinement la thèse soutenue lors d'une récente polémique dans le « Journal Littéraire »).

Mars 1917.

Mon cher Dermée,

Très bien votre manifeste du Nord-Sud ; nous en avons beaucoup parlé avec Max chez Level, l'autre soir, et notre très chrétien ami a dû vous dire combien nous étions tous d'accord pour l'approuver.

Vous avez eu raison d'insister sur la nécessité d'une prochaine période d'organisation du lyrisme.

Et aussi d'une contrainte intérieure, qui est indispensable à toute poésie, c'est-à-dire à toute création ; il est juste aussi de ramener « l'étrange magie des mots » à son rôle de moyen poétique.

Tout bien examiné, je crois, en effet, qu'il vaut mieux adopter surréalisme que surnaturalisme que j'avais d'abord employé. Surréalisme n'existe pas encore dans les dictionnaires, et il sera plus commode à manier que surnaturalisme déjà utilisé par MM. les Philosophes.

J'ai écrit quelques pages là-dessus qui deviendront, soit un article pour le Mercure, soit une préface à un prochain livre.

Pourquoi n'êtes-vous pas venu mardi ?

Ma main amie.

GUILLAUME APOLLINAIRE.

bel occident

entre le dos du livre et les feuilles du vent
s'ouvre l'antre limpide où bouillonne
                                    l'écume
quand les rochers serrent les dents
sur la langue de sable
les rangs de flocons blancs s'abattent
des regards faux fuient le long du navire
et jusqu'à l'horizon
et tout autre mouvement cesse
là comme ailleurs pourtant le dôme étoilé
                                    d'or tient
sans aucune colonne ni chaîne
mais les jours sont un peu plus longs
rayés de bleu comme le sang des veines
plus loin on prend encore une autre
                                    direction
mais toujours les mêmes reviennent
vers la colline singulière
où le chemin tourne en montant
jusqu'au au rocher sanglant ou périt la
                                    lumière
dans les abattoirs du couchant

pierre reverdy

esthètes et anges

La Psychanalyse tend à partager nettement l'Homme en deux : l'Esthète et l'Ange.

L'un, raisonnable, siège dans le cerveau ; l'autre, dans le cœur.

Il n'y a aucune subordination de l'un à l'autre. Cloisons étanches.

Ouvrons de temps en temps le Dictionnaire. Je lis :

« ESTHÉTIQUE : *Science* qui traite du beau en général ».

Admirable définition ! L'Esthétique est une science ! Esthète égale : commentateur, critique. Affaire d'intelligence, de raisonnement. Faculté de persuader, d'expliquer. Professorat.

L'Art ne prouve rien.

L'Art est l'affaire de l'Ange. Ici, il n'y a plus agencement, mais création. Il ne s'agit pas d'habiller un enfant, mais de le mettre au monde.

Une œuvre d'art a ceci de commun avec un œuf, qu'elle échappe à toute préméditation. C'est un événement de la Nature. Naissance spontanée. L'homme de génie, la poule pondent non pas selon un rythme volontaire, mais lorsqu'ils ont l'œuf au cul.

L'homme de génie fait des chefs-d'œuvre comme la poule fait des œufs. Il ne mérite ni félicitations, ni billets de banque. Il n'est que l'instrument.

Un cheval ne pond pas des œufs. Un esthète ne pond pas des œuvres d'art.

Il y a là une question de race, d'espèce.

Cocteau est un esthète. Rimbaud, que je mets à quelques lieues au-dessus d'Oscar Wilde, est un ange (ou, si l'on veut, une poule).

L'esthète est le descendant du scholastique. L'ange n'a pas d'ascendance.

Satan est un esthète. Dieu est un ange.

JOSEPH DELTEIL.

la route obscure

Je l'avouerai naïvement : ma plus grande surprise fut de constater que je n'étais pas seul au monde. Parfois, sentant à mon côté une autre présence, je serrais les dents pour ne point crier d'effroi. D'autres êtres avaient mes gestes, un corps semblable au mien ; je me suis cru mal éveillé d'un terrible cauchemar ; ces fantômes m'ont accablé, pourchassé dans les rues, singé dans mes idées. La honte courbait ma tête ; j'étendais le bras en tremblant : autour de moi des formes ironiques répétaient ce mouvement, comme si j'eusse été au centre d'un jeu de glaces.

Et quand ces êtres m'apparaissaient plus nettement, et que je les connaissais en leur particularité, leur allure devenait si formidable que je renonçais à moi-même et désirais de mourir.

Aussi prenais-je conscience de moi-même et du monde. Ce double contact me fut d'une perpétuelle étrangeté.

Nulle part je ne me suis senti à ma place. Mon isolement m'a rendu l'abord des hommes un insupportable malaise. En quel endroit du monde, auprès de quel être ne fus-je un étranger ! J'aurais voulu fuir, mais la curiosité ou quelque misérable besoin de tendresse me retenaient.

Les femmes avaient des pas hardis et des cambrures spéciales ; dans nos rencontres leur premier regard était la mesure de la distance qui me séparait d'elles ; qu'elles sourient ou qu'elles ramènent sur leurs seins un geste de secret, c'était toujours pour moi, et souvent jusqu'à la souffrance, le heurt de deux mondes, avec le goût de la bouche, le nom du frère et la plage où elles avaient passé l'été.

(Un jour, s'arrachant de mon étreinte, S... prit entre ses mains ma tête, qu'elle regarda profondément. — Mon ami, dit-elle, c'est vous, est-ce bien vous ? Nous nous tutoyions depuis longtemps et je l'enviai de s'être à ce point rendu compte, et dans un tel instant, de notre monstrueuse dissemblance).

Au centre des forêts, j'ai vu certains arbres dont les feuilles, à la cime, remuaient éternellement. Ce n'était point qu'un souffle imperceptible les émût, mais plutôt leur particulier agencement, une sève inquiète ou quelque sensibilité extrême à la température.

Je n'oppresserai pas d'un mot ce trouble perpétuel de notre égoïsme, qui est la plus belle raison de vivre, mise à part la lâcheté, (Je crains les mots ; ils trahissent la pensée, comme la voix les trahit eux-mêmes).

Toute différence que je constatais entre le monde et moi, me froissait en une intime pudeur. Je ramenais ma vie active à ce froisse-

ment; il effaçait pour moi le sens des mots : bonheur et infortune. —
J'ai cherché ardemment ma propre honte et celle des autres; la plus
misérable chaumière a fait battre mon cœur, car j'y pressentais des
pudeurs inconnues.

Mais derrière les individus, c'était un engrenage que je percevais,
et derrière ces volontés qui se croyaient libres — une fatalité et des
lois secrètes.

Les foules, portées par le même dieu triste, coulaient comme une
bâve noirâtre au long des boulevards, sanglotaient devant les mélo-
drames des théâtres, s'endormaient à la même heure, la conscience
satisfaite.

Des femmes, gracieuses jusqu'à la désolation, et de jeunes hommes
inspirés mêlaient leurs corps selon le rythme des sexes et des musiques, comme des marionnettes solennelles et émouvantes.

Je voyais tout un peuple sombre, ardent et ébahi se pâmer vers les
musiques militaires, vers les drapeaux, vers les fêtes populaires; je
devinais quelques grands mots : amour, honneur, élégance, tendus
dans l'ombre comme d'énormes ressorts.

En chaque être je fus poussé à voir autre chose que lui-même; je
m'expliquais chacun de ses gestes par sa nécessité; et dans un fau-
bourg perdu, au printemps, cette jeune fille qui soudain cambre les
reins, puis rougit et marche plus vite, ce n'est plus elle que je per-
çois, mais sa famille, sa classe, son âge, son métier et son sexe.

Non pas que du mécanisme des êtres, à quoi j'assistais comme à
un spectacle, je me sentisse indépendant. Devant ces vastes mou-
vements et cette fatalité, prenais-je conscience de ma liberté — ou
de ma sujétion ? Je n'ai point l'orgueil d'échapper à toutes ces lois.
L'important était de les constater; même en y cédant, j'éprouvais
alors une jouissance d'égoïsme.

(Et c'est ainsi qu'une émotion nous est surtout sensible la deuxième
fois; car la première fois nous en sommes étonnés; mais la deuxième,
nous y percevons déjà le mécanisme; la troisième fois nous intéresse
moins, car nous en avons l'habitude. — La plus importante décou-
verte d'une âme, et la plus ingénue, c'est peut-être celle du nom-
bre 2; il est le commencement de la prostitution et de la règle; je
l'ai retrouvé partout, dans la vertu comme dans le vice, dans le
rythme des phrases, dans les plus belles œuvres d'art comme dans les
pires grossièretés).

Peu de sentiments sont aussi violents que celui de la déchéance
humaine, sinon celui de sa propre déchéance.

Marcel ARLAND.

je ne vendrai pas la commode de mon grand-père...

Un mot du peintre Delaunay, que j'ai déjà cité, mais que je ne me ferai point scrupule de citer encore, juge l'utilitarisme et la paresse de ceux qui, désespérés de n'arriver point à codifier la somme des efforts dits modernes, prétendent, pour obtenir une dictature à n'importe quel prix, que se fait un retour à des grâces par eux-mêmes baptisées *néo-classiques*.

Lors de la générale d'un ballet Louis-Philippe-Second Empire, intitulé *Le Beau Danube*, quand le rideau se leva sur une scène du gris mousse le plus chlorotiquement distingué, le peintre de la Tour Eiffel s'écria : *En voilà encore qui veulent vendre la commode de leurs grands-parents.*

Commode et bas de laine. Toute notre sagesse, mais toute notre méprisable routine aussi. Nous avons perdu le bas de laine et nous songeons à l'aventure. Alors pourquoi faut-il que des tiroirs désuets, des cuivres indifférents nous puissent hanter encore ?

Prisonnier de ma pitié, m'attendrirai-je encore sur des toiles de Jouy couleur Parme, ou sur ces globes qui me touchent comme l'arc d'un ciel bien tendre ? Que dans mon désordre se fasse un choix sans intention. La moindre de mes paroles dépasse la somme de toutes mes pensées. De cela, tour à tour je tire joie ou honte, ne sachant si les papillons sortis de ma bouche sont couleur de mon âme ou si au contraire tous mes trésors voguent dans la barque d'une pensée au beau gouvernail.

Je parlerai volontiers du fameux âne de Buridan.

Mais j'ai peine à jouer les *Iphigénie,* et si ne veux mourir, ne sais choisir. Au reste, choisir entre le conscient et l'inconscient, n'est-ce point déjà faire acte de trop précise volonté, et ne puis-je, dans la nuit, me mentir à moi-même et imaginer sans sincérité mes plus intimes hantises.

Je cherche la rue, le boulevard, le gouffre qui me tenteront assez pour que je m'y précipite tête-bêche et sans regarder quel nom, au coin du mur, fleurit blanc sur l'émail bleu.

René CREVEL.

drame néo-zoologique

*(M. Jean Painlevé, qui hier eut les honneurs
de l'Académie des Sciences pour un travail fort
réaliste, se révèle également surréaliste).*

C'est si doux le plasmode des myscomycètes; le prorhynchus sans yeux a la couleur terne des aveugles-nés, et sa trompe bourrée de zoochlorelles sollicite l'oxygène de frontinalis antypyretica; il porte son pharynx en rosette, exigence locomotrice cornée, stupide et pas calcaire du tout. Mais Dendrocœlum lacteum et planaria torva, garocéphales et olivâtres affûtent la jouissance des cerceaux; le petit turbellaire connaît l'étreinte de leur bouche; bon pour chironomus plumosus de dessiner en dentelles rouges leurs arborisations intestinales; quel étonnement sphérique: il fuit et rompt les fils glaireaux réservés à bythotrephes largimanus, ce sacré petit crustacé à poil ras; il préférerait être né de parthénogénèse que de toucher ces fils de l'ovovivipare mésostome, il n'a pas le choix; mou, élastique et plein de mucus, sans troncature ni duplicature, il se projette tel mercator sur nephelis octoculata dont les huit yeux sont insuffisants à exprimer qu'elle pond tout l'été; les coolies produisent des petits ballots; un rotifère se dessique dans un coin; comme on sent que les sexes sont séparés, s'arrête pour le sucer prorhynchus; stephanoceros eichornï est meilleur; qu'importe un sosie à belvédère. Stop. Les Turbellaires l'ont saisi, pénètrent par effraction, percent et sucent; un affreux cri se répercute et rejoint le clapotis des lumineuses interférences; les cercaires de distorne sortent de leurs hymnées stagnales, jettent un œil et la terreur les enkyste. L'enroulement en S, brin de zinc, la sophistique temporairement gélatineuse pffuitt! barbotté.

La spermatogénèse n'a en somme lieu que chez le mâle, dit cette vielle soupape de marc. Ah! la la.

JEAN PAINLEVÉ.

le peintre robert delaunay parle

« Peindre, c'est une fonction de tous les sens.

Je peins comme je bois, comme je mange, comme je fais l'amour.

Je peins toute ma vie, où que je me trouve. Mon œil travaille inconsciemment comme le moteur de mon cœur... je peins en me promenant à la Madeleine, chez le dentiste, en dînant sur la Tour Eiffel.

Je ne peins pas toute la journée, mais je ne cesse jamais d'être au travail.

La couleur, c'est le rythme et le mouvement de ma vie. Mes cinq sens agissent comme les bielles et les roues d'une machine. Je suis un tout indissoluble.

*
* *

Je peins comme je vis — et je peins avec l'unique matière qui me soit donnée : la couleur. Je n'ai rien d'autre à ma disposition qu'elle, la couleur : je n'ai ni perspective, ni trompe-l'œil, ni esthétique, etc. ; j'ai la vie en moi et la couleur dans le monde.

Les « Fenêtres » sont le premier tableau peint dans cet état ; le mystère impénétrable à l'œil proprement dit y est recréé par des couleurs — dont le mécanisme m'échappe encore à moi-même. C'est la partie de l'art, sans doute. « Les Fenêtres » ne sont plus ce cadre étroit et rectiligne où seul un homme, la moitié d'un homme peut tenir : dans mon tableau, c'est l'interpénétration de tous les éléments qui font la vie, et qui font l'œuvre d'art.

A l'époque où je concevais « Les Fenêtres », Apollinaire vivait dans mon atelier. Il créa en même temps, et dans la même atmosphère de vie, son poème « Les Fenêtres », dans cette technique que vous appelez surréaliste. Là aussi, la vie toute entière palpite dans l'œuvre, les toits, les rues, les salles à manger, la ville sont rentrés dans le poème, s'entrechoquent et remuent. C'est l'égalité complète : le mur le plus banal, les choses de tous les jours, la vie prend un aspect poétique et acquiert une signification éternelle, par l'intermédiaire de l'art.

*
* *

C'est dans ce domaine que, dans les années 1909 à 1914, nous avons fait à Paris la révolution artistique, dont profitent encore les arts du monde entier : nous, c'est-à-dire tout un groupe, qui ne fut même pas toujours lié, où il y a tous les cubistes, où il y avait Blaise

Cendrars, Marc Chagall, combien d'autres encore. Paris 1910 :
point de départ du nouvel art du siècle. Nous créâmes un art qui
était fonction de vie, et qui était sain — relativement sain, par
opposition aux symbolismes et à toutes ces fins-de-siècle dont Wilde
fut le père adoptif.

La guerre est venu tout renverser. Ce n'est pas à moi de tracer
l'historique de l'art à cette époque. On devint veule et lâche devant
la grande misère du monde. L'époque du mercantilisme suivit, et les
peintures se vendirent. Non seulement les toiles, mais les hommes.
On a vu un Picasso, ce fier artiste, faire *contre l'époque* des dessins
purs, de l'art grec, de la finesse, des choses fausses, qui trahissent
l'esprit du temps.

D'autre part, le néo-symbolisme de la machine est également
néfaste.

Actuellement, le cubisme, après avoir si bien commencé, se liqué-
fie et tombe soit dans le baroque, soit dans l'archaïsme chaldéen,
soit dans les bras d'Ingres.

Mais ce qu'il faut, c'est un art vivant, un art correspondant à l'état
actuel des choses, à la vitalité industrielle, économique, scientifique
de ce siècle, un art contenant du phosphate et du blanc d'œuf, au
lieu des tubes d'aspirine et des poudres de coco, que tant de gens
nous ont vendus en contrebande.

Tenez, par exemple, Joseph Delteil, voilà un type qui a des
couilles — et j'aime Soupault qui mêle l'art à la vie, la vie à l'art.

GOLLIVAN.

LE THÉATRE SURRÉALISTE

(THÉATRE ALBERT Iᵉʳ)

Fondateur : Ivan GOLL

Au programme : des pièces de Guillaume Apollinaire, Pierre Albert - Birot, Georg Kaiser, August Stramm, Arnolt Bronnen, Vladimir Majakowski, Rosso di San Secondo, Ruggero Vasari, H. Leiwick, etc...

Metteurs en scène ayant promis leur concours : Meyerhold (Moscou), Karl Heinz Martin, Friedrich Kiesler (Vienne), Prampolini, Bragaglia (Rome) et Gaston Baty.

CHERCHE UN MÉCÈNE

REVUE MENSUELLE

Direction et Rédaction :
IVAN GOLL
27, Rue Jasmin. — PARIS (16ᵉ)

LeNᵒ : **3 fr.**

Abonnement pour 12 Nᵒˢ : **30** *fr.*

Le Gérant : Ivan Goll.

Imprimerie Deshayes, 83, rue de la Santé, Paris.